ARCHE

Ursprünglich für die Bühne konzipiert, ist dieser Originalton-Monolog in fünfzehn Stationen, den Jürg Amann aus den Lebenserinnerungen des Auschwitz-Kommandanten Rudolf Höß collagiert und verdichtet hat, zum veritablen Lesedrama im doppelten Wortsinn geworden.

Zwischen seiner Verhaftung nach Kriegsende durch die britische Militärpolizei und seiner Verurteilung zum Tod durch das polnische Oberste Volksgericht in der Krakauer Untersuchungshaft, von Höß selbst ohne Anflug von Reue oder auch nur Einsicht kalt zu Papier gebracht, ist dieses erschütternde Dokument in der extremen Zuspitzung und Verknappung durch den Schriftsteller und Dramatiker Amann als flammender Appell gegen Unmenschlichkeit und Zivilisationsbruch in Szene gesetzt.

Jürg Amann, 1947 in Winterthur geboren, Studium der Germanistik in Zürich und Berlin, Promotion über Franz Kafka. Zuerst war er Literaturkritiker und Dramaturg, seit 1976 freier Schriftsteller (Prosa, Theaterstücke, Hörspiele, Lyrik, Essays). Amann erhielt zahlreiche Auszeichnungen, u. a. den Ingeborg-Bachmann-Preis, den Conrad-Ferdinand-Meyer-Preis und den Schiller-Preis. Bis zu seinem Tod im Mai 2013 lebte er in Zürich. Im Arche Verlag erschien von ihm zuletzt *Letzte Lieben*.

Jürg Amann

DER KOMMANDANT

Monolog

ARCHE

MIX
Papier aus verantwortungsvollen Quellen
FSC® C014496
FSC
www.fsc.org

Ungekürzte Taschenbuchausgabe
1. Auflage 2019

Umschlag: Max Bartholl, b3K Hamburg – Frankfurt a. M.
Satz: Gaby Michel, Hamburg
Druck und Bindung: GGP Media GmbH, Pößneck
Printed in Germany
ISBN 978-3-7160-4015-7

www.arche-verlag.com

»Seit meiner Verhaftung waren
meine Handschellen nicht geöffnet worden.«

RUDOLF HÖSS

I

Ich, Rudolf Höß, Kommandant von Auschwitz, will im Folgenden versuchen, über mein innerstes Leben Rechenschaft abzulegen. Ich will versuchen, aus der Erinnerung wirklichkeitsgetreu alle wesentlichen Vorgänge, alle Höhen und Tiefen meines psychischen Lebens und Erlebens wiederzugeben. Um das Gesamtbild möglichst vollständig zu umreißen, muss ich bis zu meinen frühesten Kindheitserlebnissen zurückgreifen.

Bis zu meinem sechsten Lebensjahr wohnten wir ziemlich außerhalb der Stadt Baden-Baden. In der weiteren Umgebung unseres Hauses befanden sich nur einzelne Bauerngehöfte. Spielgefährten hatte ich in dieser Zeit gar nicht, die Kinder der Nachbarn waren alle viel älter. So hatte es mir der ganz in der Nähe beginnende große Wald mit den hohen Schwarzwaldtannen besonders angetan. Doch die meiste Zeit verbrachte ich in den Ställen der Bauern, wenn man mich suchte, sah man zuerst in die Ställe. Besonders die Pferde hatten es mir angetan. Selbst mit dem bösartigen Stier eines Bauern hatte ich beste Freundschaft. Auch fürchtete ich mich nie vor Hunden, es hat mir auch nie einer etwas getan. Meine Mutter hat alles Mögliche versucht, mich von dieser – ihr doch zu gefährlich erscheinenden – Tierliebe abzubringen. Es war alles umsonst. Ich war und wurde Einzelgänger. Auch hatte ich einen unwiderstehlichen Hang zum Wasser, ich musste immerzu waschen und baden. Was nur irgend möglich, wurde von mir gewaschen oder gebadet, im Bad oder im Bach, der durch unseren Garten floss.

In mein siebentes Lebensjahr fiel unsere Umsiedlung in die Nähe von Mannheim. Wir wohnten wiederum außerhalb der Stadt. Aber zu meinem größten Leidwesen gab es keine Ställe, keine Viecher. Wie meine Mutter später oft erzählte, war ich wochenlang fast krank vor Sehnsucht nach meinen Tieren und nach meinem Bergwald. Zum siebenten Geburtstag bekam ich meinen Hans, ein kohlschwarzes Pony mit blitzenden Augen und langer Mähne. Ich war fast außer mir vor Freude. Ich hatte meinen Kameraden gefunden. In der Gegend, wo wir wohnten, gab es nun zwar genug Spielgefährten im gleichen Alter. Ich tobte auch mit ihnen die in aller Welt und zu aller Zeit gleichen jugendlichen Spiele durch und verübte mit ihnen auch manchen Jungenstreich. Doch am liebsten zog ich mit meinem Hans in den großen Haardtwald, wo wir ganz für uns waren, wo wir stundenlang reiten konnten, ohne einer Menschenseele zu begegnen.

Doch der Ernst des Lebens, die Schule, begann. Ich lernte eifrig, machte möglichst schnell meine Hausarbeiten, um viel freie Zeit für mein Herumstreichen mit Hans zu haben. Meine Eltern ließen mich gewähren.

Durch das Gelübde meines Vaters, wonach ich Geistlicher werden sollte, stand mein Lebensberuf fest vorgezeichnet. Meine ganze Erziehung war darauf abgestellt. Ich wurde von meinem Vater nach strengen militärischen Grundsätzen erzogen. Dazu die tiefreligiöse Atmosphäre in unserer Familie. Mein Vater war fanatischer Katholik. Am liebsten waren mir doch seine Erzählungen aus seiner Dienstzeit in Ostafrika, seine Schilderungen über die Kämpfe mit den aufständischen Eingeborenen, deren Leben und Treiben und ihren finsteren Götzenkult. Mit glühender Begeisterung hörte ich zu, wenn er von der segensreichen und zivilisatorischen Tätigkeit der Missions-Gesellschaften sprach. Es stand für mich fest, dass ich unbedingt Missionar würde und dann ins dunkelste Afrika, möglichst mitten in den finstersten Urwald käme. Besondere Festtage waren für mich, wenn zu uns einer der alten, bärtigen Afrikaner-Patres, die mein Vater aus Ostafrika kannte, zu Besuch kam. Sooft es ihm seine Zeit erlaubte, fuhr er mit mir zu all den Wallfahrtsstätten und Gnadenorten meiner Heimat, sowohl nach Einsiedeln in der Schweiz wie nach Lourdes in Frankreich. Inbrünstig erflehte er den Segen des Himmels für mich, dass ich dereinst ein gottbegnadeter Priester würde. Ich selbst war auch tief gläubig, soweit man dies als Knabe in den Jahren sein kann, und nahm es mit meinen religiösen Pflichten sehr ernst. Ich betete in wahrhaft kindlichem Ernst und war sehr eifrig als Ministrant tätig.

Schon von klein auf wurde ich zu einem festen Pflichtbewusstsein erzogen. Es wurde in meinem Elternhaus streng darauf geachtet, dass alle Aufträge genau und gewissenhaft ausgeführt wurden. Jedes hatte immer einen gewissen Pflichtenkreis. Mein Vater achtete besonders darauf, dass ich alle seine Anordnungen und Wünsche peinlichst befolgte. So erinnere ich mich noch, dass er mich eines Nachts aus dem Bett holte, weil ich die Satteldecke im Garten hatte hängen lassen, anstatt sie, wie er angeordnet hatte, im Schuppen zum Trocknen aufzuhängen. Ich hatte es einfach vergessen.

Zwischen meinen Eltern bestand ein gütiges, liebevolles Verhältnis voll Achtung und gegenseitigem Verstehen. Doch habe ich nie erlebt, dass sie zueinander zärtlich waren. Aber auch ebenso wenig fiel je ein ärgerliches oder gar böses Wort zwischen ihnen. Während meine zwei um vier beziehungsweise sechs Jahre jüngeren Schwestern sehr anschmiegsam und stets um die Mutter waren, lehnte ich jeden Zärtlichkeitsbeweis, schon von frühester Jugend an, strikt ab, zum steten Bedauern meiner Mutter, aller Tanten und Verwandten. Ein Händedruck und einige sparsame Dankesworte waren das Äußerste, was man von mir erwarten konnte. Obwohl mir doch beide Eltern sehr zugetan waren, konnte ich nie den Weg zu ihnen finden in all dem großen und kleinen Kummer, der so ein Jungenherz ab und zu mal bedrückt. Ich machte dies alles mit mir selbst ab. Mein einziger Vertrauter war mein Hans – und der verstand mich, nach meiner Ansicht. – Meine beiden Schwestern hingen sehr an mir und versuchten immer und immer, mit mir in ein liebes, gutes Verhältnis zu kommen. Ich mochte aber nie mich mit ihnen abgeben. Sie sind mir immer fremd geblieben. Meine Eltern, meinen Vater sowie meine Mutter, achtete ich sehr und sah mit Verehrung zu ihnen auf. Doch Liebe – Elternliebe – brachte ich nicht für sie auf. Woran das lag, ist mir nicht erklärlich.

Ich war nie etwa ein braver Junge oder gar ein Musterknabe. Machte all die Streiche, die eben so ein Jungenhirn in diesen Jahren erfindet. Tollte mit anderen Jungen in den wildesten Spielen und Schlägereien, wie es sich gerade bot. Ich ließ mir nichts gefallen und setzte mich immer durch. Wurde mir Unrecht getan, so ruhte ich nicht eher, als bis dies – nach meiner Ansicht – gesühnt war. Darin war ich unerbittlich und bei meinen Klassenkameraden gefürchtet. Eigenartigerweise saß ich während meiner ganzen Gymnasialzeit mit einem Mädchen, einer Schwedin, die Ärztin werden wollte, auf einer Bank. Wir haben uns all die Jahre gut kameradschaftlich verstanden und uns nie überworfen.

In mein 13. Lebensjahr fällt ein Ereignis, das ich als ersten Einbruch in meine von mir so ernst genommene religiöse Welt bezeichnen muss. Bei der üblichen Rauferei um den Vorantritt in die Turnhalle stieß ich einen Klassenkameraden unbeabsichtigt die Treppe hinunter. Dabei brach er sich einen Fußknöchel. Im Lauf der Jahre sind gewiss Hunderte von Schülern diese Treppe hinuntergesegelt, ich auch einige Male, ohne ernstliche Verletzungen. Dieser hatte nun solches Pech. Ich wurde mit zwei Stunden Karzer bestraft. – Es war an einem Samstagvormittag. Nachmittags ging ich, wie immer jede Woche, zur Beichte und beichtete auch diesen Vorfall treu und brav. Zu Hause sagte ich aber nichts darüber, um den Eltern den Sonntag nicht zu verderben. Sie würden es in der kommenden

Woche noch früh genug erfahren. Am Abend war mein Beichtvater, der ein guter Freund meines Vaters war, bei uns zu Gast. Am anderen Morgen wurde ich von meinem Vater wegen besagtem Vorfall zur Rede gestellt und bestraft, weil ich ihm dies nicht gleich gemeldet hatte. Ich war völlig niedergeschmettert, nicht wegen der Strafe, sondern wegen des unerhörten Vertrauensbruches meines Beichtvaters. Mein Vertrauen zum geheiligten Priesterstand war zerbrochen, und Zweifel begannen sich in mir zu regen. Mein bis dahin in diesen Dingen des Glaubens so ruhiges und sicher geleitetes Gemüt war schwer erschüttert. Die tiefe, wahrhafte, kindliche Gläubigkeit war zerbrochen. Im darauffolgenden Jahr starb plötzlich mein Vater.

II

Es brach der Krieg aus. Ich bekam von meiner Mutter auf mein dauerndes Drängeln die Erlaubnis, dass ich mich als Helfer beim Roten Kreuz melden durfte. Ich sehe noch die blutdurchtränkten Kopf- und Armverbände, die blut- und lehmverschmierten Uniformen, die grauen der Unseren und die Friedensuniformen, blau mit roten Hosen, der Franzosen. Noch höre ich das unterdrückte Stöhnen beim Verladen auf die in der Eile dazu hergerichteten Straßenbahnwagen. Ich lief dazwischen herum und verteilte Erfrischungen und Rauchwaren. In meiner schulfreien Zeit war ich nur noch in den Lazaretten, in den Kasernen oder auf dem Bahnhof, um durchfahrende Truppentransporte oder Lazarettzüge zu sehen und bei der Essen- und Liebesgabenverteilung behilflich zu sein. Ich sah in den Lazaretten die vor sich hin stöhnenden Schwerverwundeten, scheu schlich ich mich immer an solchen Betten vorbei. Auch sah ich Sterbende und auch Tote. Eigenartig war das Gefühl, das mich dabei durchschauerte, doch vermag ich das heute nicht mehr genau zu beschreiben. Doch wurden diese traurigen Bilder schnell verwischt durch den unversiegelten Soldatenhumor der leichter oder schmerzfreien Verwundeten. Deren Erzählungen von der Front, aus ihrem Soldatenleben zuzuhören, konnte ich nie genug bekommen. Mein Soldatenblut meldete sich. In vielen Generationen waren all meine Ahnen väterlicherseits Offiziere gewesen, mein Großvater 1870 als Oberst an der Spitze seines Regimentes gefallen.

Ich wollte Soldat werden. Zum mindesten diesen Krieg nicht versäumen. Mein ganzes Sinnen und Trachten in dieser Zeit galt nur dem Soldatwerden. Schule, zukünftiger Beruf, Elternhaus trat alles in den Hintergrund. Meine Mutter war machtlos demgegenüber. 1916 gelang es mir – mit Hilfe eines Rittmeisters, den ich im Lazarett kennengelernt hatte –, im Regiment, in dem Vater und Großvater gedient hatten, unterzutauchen und nach kurzer Ausbildung an die Front zu kommen. Ohne Wissen meiner lieben Mutter, die ich nicht mehr sehen sollte, denn sie starb 1917.

Der Aufenthalt im damals noch reichlich orientalischen Konstantinopel und die Fahrt und der Ritt nach der weit entfernten Irakfront brachten neue Eindrücke genug, für mich, den noch nicht Sechzehnjährigen.

Genau erinnerlich ist mir das erste Gefecht, mein erstes Zusammentreffen mit dem Feind. Kurz nach unserem Eintreffen an der Front wurden wir einer türkischen Division zugeteilt und unser Kavallerie-Detachement als Korsettstangen auf die drei Regimenter verteilt. Noch während unserer Einweisung griff der Engländer – es waren Neuseeländer und Inder – an, und die Türken liefen, als es ernst wurde, davon. Und wir kleines deutsches Häuflein lagen allein im weiten Wüstensand zwischen den Felsbrocken und Ruinenresten ehemaliger blühender Kulturen und mussten uns unserer Haut wehren. Ein Kamerad nach dem anderen fiel durch Verwundung aus, mein nächstliegender gab auf einmal keine Antwort mehr, als ich ihn anrief. Als ich mich nach ihm umschaute, blutete er aus einer großen Schädelwunde und war schon tot. Ich hatte bisher noch nicht einen Schuss abgegeben, nur voller Angst nach den langsam immer näher kommenden Indern gesehen. Einer sprang gerade hinter einem Steinhaufen vor. – Ich sehe ihn heute noch vor mir, ein großer breiter Mann mit hervorstechendem schwarzem Bart. – Einen Moment zögerte ich noch – der Tote neben mir stand mir vor den Augen –, dann riss ich durch und sah voll Zittern, wie der Inder im Sprung vornübersank und sich nicht mehr rührte. Ich kann wirklich nicht sagen, ob ich richtig gezielt hatte. – Mein erster Toter! – Der Bann war gebrochen. – Ich schoss nun weiter Schuss um Schuss, wie man es mir bei der Ausbildung beigebracht hatte. Beim Vorgehen sah ich mir zögernd und scheu meinen Toten an, ganz wohl war mir dabei nicht zumute. Ob ich bei diesem ersten Gefecht noch mehr Inder getötet oder verwundet habe, konnte ich nicht feststellen, obwohl ich nach dem ersten Schuss genau auf aus der Deckung Auftauchende zielte und schoss. Doch war alles noch zu aufregend für mich. Mein Rittmeister sprach seine Verwunderung darüber aus, wie ruhig ich bei diesem ersten Gefecht, meiner Feuertaufe, gewesen sei.

Eigenartig war, dass ich zu meinem Rittmeister, meinem Soldatenvater, großes Zutrauen hatte und ihn sehr verehrte. Es war ein viel innigeres Verhältnis als wie zu meinem Vater. Als er im Frühjahr 1918 in der zweiten Jordanschlacht fiel, trauerte ich ihm schmerzlich nach. Sein Tod ging mir wirklich nahe.

Anfang 1917 wurde unsere Formation an die Palästinafront verlegt. Wir kamen auf geheiligten Boden. Allvertraute Namen aus der Religionsgeschichte und den Heiligenlegenden tauchten wieder auf. Und wie ganz anders war dies alles, als man es sich einst in der jugendlichen Phantasie nach den Bildern und den Beschreibungen vorgestellt hatte.

In diese Zeit fällt auch mein erstes Liebeserlebnis. Im Lazarett in Wilhelma pflegte mich eine junge deutsche Krankenschwester. Ich hatte einen Kniedurchschuss und gleichzeitig einen üblen Malariarückfall von längerer Dauer. Musste also besonders betreut und beaufsichtigt werden, da ich in den Fieberdelirien viel Unheil anrichtete. Diese Schwester sorgte nun um mich, wie es auch meine Mutter nicht besser hätte tun können. Allmählich merkte ich doch, dass nicht nur mütterliche Liebe sie dazu veranlasste, mich so liebevoll zu umsorgen und zu pflegen. Dieses erste Liebeserlebnis in seiner ganzen Zartheit und Lieblichkeit wurde für mein ganzes ferneres Leben zur Richtschnur. Nie konnte ich über diese Dinge trivial sprechen, Geschlechtsverkehr ohne innigste Zuneigung wurde für mich undenkbar. So wurde ich auch vor Liebeleien und Bordellen bewahrt.

Der Krieg war zu Ende. Ich war mit ihm und durch ihn weit über meine Jahre hinaus äußerlich wie innerlich zum Manne gereift. Aus dem vor Angst zitternden, der Mutter entlaufenen Schulbuben des ersten Gefechts war ein zäher, rauer Soldat geworden. – Mit 17 Jahren Unteroffizier – der jüngste des Heeres – und mit dem Eisernen Kreuz I ausgezeichnet.

Beim Waffenstillstand, der uns in Damaskus erreichte, war ich fest entschlossen, mich keinesfalls internieren zu lassen, sondern mich auf eigene Faust nach der Heimat durchzuschlagen. Vom Korps war davon abgeraten. Auf Befragen meldeten sich alle Männer meines Zuges freiwillig, sich mit mir durchzuschlagen. Ich führte seit Frühjahr 1918 einen selbständigen Kavalleriezug. All die Männer in den Dreißigerjahren, und ich achtzehn. In einem abenteuerlichen Zug durch Anatolien, mit einem elenden Küstensegler übers Schwarze Meer nach Varna, ritten wir weiter durch Bulgarien, Rumänien, im tiefsten Schnee durch die transsilvanischen Alpen, durch Siebenbürgen, Ungarn, Österreich und erreichten nach fast dreimonatiger Irrfahrt, ohne Karten, nur auf die Schulgeographie vertrauend, Nahrung für Pferd und Mann requirierend, durch das wieder feindlich gewordene Rumänien uns durchkämpfend, die Heimat.

III

Noch während des Krieges waren immer wieder Zweifel in mir erwacht, ob ich auch wirklich die Berufung zum Priesterstand in mir hätte. Durch das Beichterlebnis und da ich an den heiligen Stätten sah, wie mit geheiligten Dingen geschäftstüchtig gehandelt wurde, war mein Vertrauen zum Priesterstand geschwunden. Auch hegte ich Zweifel an vielen Einrichtungen der Kirche. Und ganz allmählich entstand bei mir die feste Ablehnung des von meinem Vater gelobten Berufes. Doch dachte ich dabei noch an keinen anderen Beruf. Ich sprach auch mit keinem Menschen darüber. Meine Mutter schrieb mir noch in ihrem letzten Brief vor ihrem Tod, dass ich ja nie vergessen solle, wozu ich von meinem Vater ausersehen sei!

Mein Vormund, ja meine ganze Verwandtschaft bestürmte mich nun nach der Heimkehr, dass ich sofort in ein Priesterseminar gehen müsste, um die richtige Umgebung und Vorbereitung für meinen vorgezeichneten Beruf zu finden. Mein Onkel wollte mich dazu zwingen, indem er mir sagte, für die Ausbildung in einem anderen Beruf würde er kein Geld hergeben, da meine Eltern den Priesterberuf für mich ausersehen hätten.

Ohne Verabschiedung verließ ich wutentbrannt das verwandtschaftliche Haus und fuhr am anderen Tage nach Ostpreußen, um mich bei einem Freiwilligenkorps nach dem Baltikum zu melden. So ward plötzlich mein Berufsproblem gelöst, und ich wurde wieder Soldat. Ich fand wieder eine Heimat, ein Geborgensein, in der Kameradschaft der Kameraden.

Die Kämpfe im Baltikum waren von einer Wildheit und Verbissenheit, wie ich sie weder vorher im Weltkrieg noch nachher in all den Freikorpskämpfen erlebt habe. Eine eigentliche Front gab es kaum, der Feind war überall. Und wo es zum Zusammenstoß kam, wurde es eine Metzelei bis zur restlosen Vernichtung. Unzählige Male sah ich die grauenhaften Bilder mit den ausgebrannten Hütten und den verkohlten oder angeschmorten Leichen von Frauen und Kindern. Als ich dies zum ersten Mal sah, war ich wie versteinert. Ich glaubte damals, dass es eine Steigerung menschlichen Vernichtungswahns nicht mehr geben kann. Damals konnte ich noch beten und tat es.

Da die Regierung das Vorhandensein von Freikorps leugnen musste, konnte sie auch Verbrechen, die in den Reihen dieser Verbände begangen wurden, wie Waffendiebstähle, Verrat militärischer Geheimnisse, Landesverrat und so weiter, nicht verfolgen, nicht ahnden. Es entstand so in den Freikorps und deren Nachfolgeorganisationen die Selbstjustiz, nach alten deutschen Vorbildern ähnlicher Situationen, das Femegericht. Jeglicher Verrat wurde mit dem Tode bestraft. Doch nur wenige Fälle wurden bekannt, und nur in vereinzelten Fällen konnten die Täter gefasst und von dem – eigens dafür geschaffenen – Staatsgerichtshof zum Schutz der Republik abgeurteilt werden.

So war auch mein Fall zustande gekommen: der Parchimer Fememordprozess, in dem ich zu zehn Jahren Zuchthaus verurteilt wurde, als Rädelsführer und Hauptbeteiligter. – Wir hatten den Verräter Schlageters an die Franzosen totgeschlagen. Ich brauche nicht zu betonen, dass ich mit dem Tod des Verräters einverstanden war. Da aller Wahrscheinlichkeit nach kein deutsches Gericht ihn verurteilt haben würde, richteten wir ihn, nach einem ungeschriebenen Gesetz, das wir uns, aus der Not der Zeit geboren, selbst gegeben hatten. Verständlich ist das wahrscheinlich nur dem, der diese Zeitumstände selbst erlebt hat oder der sich in diese Wirren hineinzudenken vermag.

IV

Eine neue, mir bisher unbekannte Welt tat sich für mich auf. Es war zu der Zeit die Strafverbüßung in einem preußischen Zuchthaus wirklich kein Erholungsaufenthalt. Bis dahin glaubte ich, dass mir nichts Menschliches mehr fremd sein könne. Die Verbrecher im Zuchthaus belehrten mich eines anderen. Wenn ich auch allein in meiner Zelle saß, so kam ich doch täglich mit den anderen Gefangenen in Berührung. Ich hörte vor allem ihre Gespräche abends an den Fenstern. Und die gaben mir Aufschluss genug über das Denken, die Psyche dieser Kreise: ein Abgrund an menschlichen Verirrungen, Lastern und Leidenschaften tat sich mir auf. Gleich im Anfang meiner Strafverbüßung erzählte eines Abends ein Zellennachbar einem anderen, wie er bei einem Raubüberfall auf ein Forsthaus, nachdem er sich zuvor davon überzeugt hatte, dass der Förster im Wirtshaus sicher saß, zuerst das Dienstmädchen, dann die hochschwangere Frau mit der Axt erschlagen und darauf die vier kleinen Kinder, weil sie schrien, einzeln mit dem Kopf an die Wand geschlagen hatte, bis sie nicht mehr »krähten«. Er erzählte diese Schandtat in solch hundsgemeinen, frechen Ausdrücken, dass ich ihm am liebsten an die Kehle gefahren wäre. Ich konnte in dieser Nacht keine Ruhe finden. Ich habe später noch viel wüstere Dinge zu hören bekommen, die mich aber nicht mehr so aus der Ruhe brachten wie dies zuerst Gehörte.

Ein gutes Buch ist mir allzeit ein guter Freund gewesen. Nur hatte ich bisher in der Unrast meines bis dahin geführten Lebens weder Zeit noch Muße dazu gefunden. In der Einsamkeit der Zelle wurde es mir alles, besonders in den ersten zwei Jahren meiner Strafverbüßung. Es war meine Erholung, ich konnte darüber meine ganze Lage vergessen.

Nach Verlauf von zwei Jahren, die ich ohne besondere Vorfälle in der immer und immer gleich bleibenden Weise verbracht hatte, überfiel mich auf einmal ein eigenartiger Zustand. Ich wurde sehr gereizt, nervös und aufgeregt. Es erfasste mich ein Widerwille gegen die Arbeit, ich schneiderte damals und hatte dies auch recht gern getan. Ich konnte nichts mehr essen, jeder Bissen, den ich gewaltsam hinunterwürgte, kam wieder hoch. Ich konnte nichts mehr lesen, mich überhaupt nicht mehr sammeln. Wie ein wildes Tier raste ich in meiner Zelle hin und her.

Ich wollte beten, ich brachte nur noch ein trauriges Angstgestammel zusammen, ich hatte das Beten verlernt, ich fand den Weg zu Gott nicht mehr. In dem Zustand glaubte ich, dass Gott mir nicht mehr helfen wolle, weil ich ihn verlassen hatte. Mein amtlicher Kirchenaustritt von 1922 quälte mich. Doch war dieser nur Bereinigung eines Zustandes, der seit dem Ende des Krieges bestand. Innerlich hatte ich mich doch, wenn auch allmählich, schon in den letzten Kriegsjahren von der Kirche gelöst. – Bitterste Vorwürfe machte ich mir, weil ich dem Willen meiner Eltern nicht gefolgt, nicht Geistlicher geworden war. Gibt es eine Verbindung mit den Abgeschiedenen? Ich sah oft in den Stunden der stärksten Erregung, bevor sich dann meine Gedanken verwirrten, meine Eltern leibhaftig vor mir und sprach mit ihnen, als wenn ich noch in ihrer Obhut wäre.

V

Nach sechs Jahren wieder in Freiheit, wieder dem Leben geschenkt!

Gleich nach meiner Entlassung aus dem Zuchthaus nahm ich Verbindung mit den Artamanen auf. Dieser Bund und sein Ziel war mir schon während der Strafverbüßung durch das Schrifttum bekannt geworden. Es war dies eine Gemeinschaft junger, volksbewusster Menschen, Jungen und Mädel, aus der Jugendbewegung aller nationaldenkender Parteirichtungen hervorgegangen, die einmal aus dem ungesunden, zersetzenden und oberflächlichen Leben der Städte, besonders der Großstädte, heraus zu einer gesunden, harten, aber naturgemäßen Lebensweise auf dem Lande zurückfinden wollten. Sie verschmähten Alkohol und Nikotin, ja alles, was einer gesunden Entwicklung des Geistes und des Körpers nicht dienlich ist. Und zum anderen: auf dieser Lebensgrundlage ganz zum Boden zurückkehren, aus dem ihre Vorfahren hervorgegangen waren, zum Lebensquell des deutschen Volkes, zur gesunden bäuerlichen Siedlung. Das war auch mein Weg – mein lang gesuchtes Ziel.

Schon in den ersten Tagen lernte ich da meine zukünftige Frau kennen, die, von den gleichen Idealen beseelt, mit ihrem Bruder den Weg zu den Artamanen gefunden hatte. Schon beim ersten Sehen stand unsere Zusammengehörigkeit beiderseits unverbrüchlich fest. Wir heirateten, sobald dies möglich war, um gemeinsam unser hartes Leben, das wir uns freiwillig aus innerster Überzeugung erwählt hatten, anzupacken. Klar sahen wir beide den langen, schweren, mühseligen Weg zu unserem Ziel. Nichts sollte uns davon abbringen.

Drei unserer Kinder waren schon geboren – für den neuen Morgen, für die neue Zukunft. Bald sollte uns das Land zugewiesen werden. Es kam anders! Die Aufforderung Himmlers im Juni 1934, zur aktiven SS zu gehen – sie sollte mich abbringen von unserem bisher so sicher und zielbewusst gegangenen Weg. Die Verlockung, wieder Soldat werden zu können, war doch stark.

Stärker als die von meiner Frau gehegten Zweifel, ob dieser Beruf mich auch voll und ganz ausfüllen, innerlich befriedigen würde. Sie war aber damit einverstanden, als sie sah, wie sehr ich mich zum Wieder-Soldat-Werden hingezogen fühlte.

Bei der Aufforderung Himmlers, in die aktive SS, in die Wachtruppe eines Konzentrationslagers einzutreten, hatte ich mir über den Nachsatz, über das Konzentrationslager gar keine Gedanken gemacht. Der Begriff war mir zu fremd. Ich konnte mir darunter gar nichts vorstellen. In der Abgeschiedenheit unseres Landlebens in Pommern hatten wir kaum von einem Konzentrationslager etwas gehört.

VI

Ich kam nach Dachau, wurde wieder Rekrut mit allen Freuden und Leiden, wurde selbst Ausbilder.

Genau erinnerlich ist mir die erste Prügelstrafe, die ich sah. Nach Kommandant Eickes Anordnung musste beim Vollzug dieser körperlichen Züchtigung mindestens eine Kompanie der Truppe zugegen sein. Zwei Häftlinge, die in der Kantine Zigaretten gestohlen hatten, waren zu je 25 Stockhieben verurteilt. Die Truppe war im offenen Viereck angetreten, unter Gewehr. In der Mitte stand der Prügelstock. Die beiden Häftlinge wurden von Blockführern vorgeführt. Es erschien der Kommandant. Schutzhaftlagerführer und der dienstälteste Kompanieführer meldeten. Der Rapportführer verlas den Straftenor, und der erste Häftling, ein kleiner verstockter Arbeitsscheuer, musste sich auf den Block legen. Zwei Mann aus der Truppe hielten Kopf und Hände fest, und zwei Blockführer vollzogen, Schlag um Schlag wechselnd, die Strafe. Der Häftling gab keinen Laut von sich. Anders der zweite, ein starker, breiter Politischer. Schon beim ersten Hieb schrie er wild auf und wollte sich losreißen. Es blieb auch beim Schreien bis zum letzten Schlag, obwohl ihm der Kommandant mehrmals zurief, still zu sein. Ich stand im ersten Glied und war gezwungen, den ganzen Vorgang genau anzusehen.

Ich sage gezwungen, denn hätte ich in einem hinteren Glied gestanden, hätte ich nicht hingesehen. Mich durchlief es kalt und heiß, als die Schreierei begann. Ja, der ganze Vorgang, schon beim ersten, ließ mich schaudern. – Ich war später bei der ersten Exekution bei Kriegsbeginn nicht so erregt wie bei dieser körperlichen Züchtigung. Eine Erklärung hierfür kann ich nicht finden. Warum ich solche Scheu vor *dieser* Strafe hatte? Ich vermag es beim besten Willen nicht zu sagen.

Die Blockführer, die sich dazu drängten und die ich so kennengelernt habe, waren fast durchwegs hinterhältige, rohe, gewalttätige, oft gemeine Kreaturen, die sich auch den Kameraden oder ihrer Familie gegenüber entsprechend benahmen. Häftlinge waren für die keine Menschen.

Und hier muss ich's gestehen: Ich habe meinen Dienst gewissenhaft und aufmerksam zu aller Zufriedenheit stets erfüllt, ich habe den Häftlingen nichts nachgesehen, war streng und oft hart. Aber – war selbst zu lange Gefangener gewesen, um nicht ihre Nöte zu sehen. Nicht ohne innere Teilnahme stand ich all den »Vorkommnissen« im Lager gegenüber. Äußerlich kalt, ja steinern – aber innerlich zutiefst erregt stand ich bei den Tatortbesichtigungen, bei Selbstmorden, bei Erschießungen auf der Flucht, bei denen ich wohl erkennen konnte, ob gemacht oder wirklich, bei Arbeitsunfällen, bei den »In-den-Draht-Gegangenen«, bei den gerichtlichen Leichenschauen, im Sezierraum, bei den Prügelstrafen, bei den Strafmaßnahmen, die SS-Oberführer Loritz anordnete und meist auch selbst überwachte. Bei »seinen« Strafarbeiten. Bei »seinem« Strafvollzug. Durch meine steinerne Maske war er fest überzeugt, dass er mich nicht »hart machen« brauchte, wie er es mit Vorliebe bei SS-Männern tat, die ihm zu weich erschienen.

Und hier beginnt eigentlich meine Schuld. Ich war mir klargeworden, dass ich für *den* Dienst *nicht geeignet* war, weil ich innerlich mit *dem* Leben und Treiben im Konzentrationslager, wie es Eicke verlangte, nicht einverstanden war. Damals hätte ich zu Eicke oder zum Reichsführer SS gehen und ihm erklären müssen, dass ich für den Dienst an einem Konzentrationslager nicht geeignet wäre, weil ich zu viel Mitleid mit den Häftlingen hätte. Ich brachte den Mut dazu nicht auf: weil ich mich nicht bloßstellen wollte, weil ich meine Weichheit nicht eingestehen wollte, weil ich zu eigensinnig war, um einzugestehen, dass ich einen verkehrten Weg gegangen war, als ich mich von meinem Siedlungsvorhaben abkehrte. Ich war freiwillig zur aktiven SS gegangen, der schwarze Rock war mir zu lieb geworden, als dass ich ihn so wieder ausziehen wollte.

Sollte ich fahnenflüchtig werden? Als alter Nationalsozialist war ich von der Notwendigkeit eines Konzentrationslagers fest überzeugt. Wirkliche Gegner des Staates mussten sicher verwahrt, Asozialen und Berufsverbrechern, die nach den bisher bestehenden Gesetzen nicht festgesetzt werden konnten, musste die Freiheit entzogen werden, um das Volk vor ihrem schädigenden Verhalten zu schützen. Ich war auch fest überzeugt, dass nur die SS als Schutzmacht des neuen Staates diese Aufgabe durchführen könne. Aber *nicht* einverstanden war ich mit den Anschauungen Eickes über die Insassen, seinem Aufpeitschen niedrigster Hassgefühle bei der Wachtruppe, seiner Personalpolitik, durch die er Unfähige an die Häftlinge brachte und hielt, und dass er Nichtgeeignete, ja absolut nicht Tragbare in ihren Stellungen ließ. *Nicht* einverstanden war ich mit der Willkür, mit der die Haftdauer bestimmt wurde. Doch durch mein Verbleiben am Konzentrationslager machte ich mir die dort geltenden Anschauungen, Befehle und Anordnungen zu eigen.

Wohl gewöhnte ich mich an all das Unabänderliche im Konzentrationslager, doch nie stumpfte ich ab gegenüber menschlicher Not. Gesehen und empfunden habe ich sie immer. Doch musste ich über sie hinweggehen, weil ich nicht weich sein durfte. Ich wollte als hart verschrien sein, um nicht als weich zu gelten.

VII

Ich kam nach Sachsenhausen als Adjutant. Da lernte ich nun die Inspektion der Konzentrationslager kennen, ihre Arbeit, ihre Gepflogenheiten.

Es kam der Krieg und mit ihm die große Wende im Leben der Konzentrationslager. Am ersten Kriegstage hielt Eicke eine Ansprache. Darin betonte er, dass nun die harten Gesetze des Krieges ihr Recht verlangten. Jeder SS-Mann habe nun ohne Rücksicht auf sein bisheriges Leben sich voll und ganz einzusetzen. Jeder Befehl müsse ihm heilig sein, und auch den schwersten und härtesten hätte er ohne Zögern auszuführen. Der Reichsführer SS verlange von jedem SS-Führer ein vorbildliches Pflichtbewusstsein und seinen Einsatz für Volk und Vaterland bis zur Selbstaufgabe. Die SS habe in diesem Krieg nun die Hauptaufgabe, den Staat Adolf Hitlers vor allem im Inneren vor jeder Gefahr zu schützen. Jeder nun auftauchende Gegner des Staates, jeder Saboteur am Kriege sei zu vernichten. Die SS habe jetzt zu zeigen, dass ihre harte Erziehung in Friedenszeiten richtig war.

Am selben Abend wurde die erste Exekution des Krieges in Sachsenhausen durchgeführt. Ein Kommunist, der in den Junkers-Werken in Dessau sich geweigert hatte, Luftschutzarbeiten durchzuführen.

Um 22 Uhr rief Müller vom Gestapa, vom Geheimen Staatspolizeiamt, an, dass ein Kurier mit einem Befehl unterwegs sei. Dieser Befehl sei sofort durchzuführen. Kurz danach traf ein PKW mit zwei Stapo-Beamten und einem gefesselten Zivilisten ein. Der Kommandant erbrach das angekündigte Schreiben, in dem nur kurz stand: »Der N.N. ist auf Befehl des Reichsführers SS zu erschießen. Es ist ihm dies im Arrest zu eröffnen und eine Stunde darnach zu vollziehen.« Als Adjutant war ich Führer des Kommandanturstabes. Als solcher hatte ich die Exekution durchzuführen. Ich suchte mir schnell drei ältere, ruhige Unterführer des Stabes zusammen, unterrichtete sie über das Bevorstehende, belehrte sie über das Verhalten und die Durchführung. In der Sandgrube auf dem Industriehof wurde schnell ein Pfahl eingegraben. Und schon kamen auch die Wagen angefahren. Der Kommandant bedeutete dem Verurteilten, dass er sich an den Pfahl zu stellen hätte. Ich führte ihn hin. Ruhig stellte er sich bereit. Ich trat zurück und gab den Feuerbefehl – er sank in sich zusammen, und ich gab ihm den Fangschuss. Der Arzt stellte drei Herzdurchschüsse fest.

Alle die Führer, die bei der Exekution zugegen waren, saßen anschließend noch eine Weile im Kasino. Eigenartigerweise kam aber keine rechte Unterhaltung zustande, jeder hing seinen eigenen Gedanken nach. Aber alle waren sie tief beeindruckt von dem eben Erlebten. Ich nicht zum wenigsten.

Fast Tag für Tag musste ich mit meinem Exekutionskommando antreten. Es handelte sich meist um Kriegsdienstverweigerer und Saboteure. Den Grund, der zur Exekution führte, konnte man nur durch die begleitenden Stapo-Beamten erfahren. Denn auf dem Exekutionsbefehl war er nicht angegeben.

Ein Fall ging mir besonders nahe. Ein SS-Führer, Stapo-Beamter, mit dem ich viel zu tun hatte, da er des Öfteren wichtige Häftlinge überführte oder wichtige Geheimschreiben an den Kommandanten abzugeben hatte, wurde plötzlich eines Nachts gebracht zur sofortigen Exekution. Den Tag vorher hatten wir noch in unserem Kasino zusammengesessen und uns auch über die Exekutionen unterhalten. Und nun war er selbst dran, und ich musste den Befehl durchführen. Wie ich *ruhig* den Feuerbefehl geben konnte, ist mir heute noch nicht fassbar. Die drei Männer, die schossen, wussten nicht, wen sie erschießen mussten, und es war gut so, vielleicht hätten sie doch gezittert. Vor innerer Erregung konnte ich kaum meine Pistole zum Fangschuss an die Schläfe setzen. Aber doch konnte ich mich so zusammenreißen, dass die Anwesenden nichts Auffälliges wahrnahmen. Ich habe einige Tage später mit einem der drei Unterführer vom Exekutionskommando gesprochen und dieserhalb gefragt.

Das war schon nicht mehr menschlich – glaubte ich damals. Und Eicke predigte weiter vom Noch-härter-Werden. Selbst die nächsten Angehörigen muss ein SS-Mann vernichten können, wenn sie sich gegen den Staat oder die Idee Adolf Hitlers vergingen. »Es gibt nur eines, was Gültigkeit hat: Der Befehl!« Das stand als Vordruck über seinen Briefen.

Bei Kriegsbeginn wurden auch in den Konzentrationslagern die wehrwürdigen Häftlinge durch Musterungskommissionen gemustert nach Tauglichkeit und zum Wehrdienst freigestellt oder zurückbehalten. Nun waren in Sachsenhausen zahlreiche Bibelforscher. Eine ganze Anzahl davon verweigerte den Wehrdienst und wurde daher vom Reichsführer SS als Kriegsdienstverweigerer zum Tode verurteilt. Sie wurden vor den gesamt angetretenen Häftlingen im Schutzhaftlager erschossen.

Wie verschieden war doch das In-den-Tod-Gehen: Die Bibelforscher in einer eigenartigen zufriedenen – man kann sagen verklärten – Stimmung, in dem felsenfesten Bewusstsein, nun in das Reich Jehovas eingehen zu dürfen. Die Kriegsdienstverweigerer und Saboteure aus politischer Überzeugung fest, gefasst und ruhig sich in das Unabänderliche, ihr Schicksal, fügend.

Die Berufsverbrecher, die wirklich Asozialen, entweder zynisch frech, gemacht forsch auftretend, aber innerlich doch zitternd vor dem großen Ungewissen, oder tobend, sich wehrend, oder auch jammernd nach geistlichem Beistand.

Dafür zwei drastische Beispiele. Die Gebrüder Sass waren in Dänemark bei einer Razzia ergriffen und nach den internationalen Abmachungen an Deutschland ausgeliefert worden. Diese beiden Verbrechergrößen wurden nun nach der Auslieferung von einem Berliner Gericht zu zwölf beziehungsweise zehn Jahren Zuchthaus verurteilt, das war das höchste Strafmaß, das nach den deutschen Gesetzen für sie möglich war. Zwei Tage nach der Verurteilung ließ der Reichsführer SS, auf Grund seiner Sonderbevollmächtigung, die beiden aus dem Untersuchungsgefängnis abholen und zur Erschießung nach Sachsenhausen bringen. Sie sollten ohne Frist sofort erschossen werden. Im Wagen wurden sie bis an die Sandgrube des Industriehofes gefahren. An der Exekutionsstelle angekommen, las ich ihnen den Erschießungsbefehl vor. Sofort begannen sie zu lärmen: »Das gibt es ja nicht, wie kommt ihr dazu? Wir wollen erst einen Pfaffen haben«, und anderes mehr. Sie wollten sich absolut nicht an den Pfahl stellen, und ich musste sie festbinden lassen. Mit aller Gewalt wehrten sie sich dagegen. Ich war heilfroh, als ich den Feuerbefehl geben konnte.

Ein mehrfach vorbestrafter Sittlichkeitsverbrecher hatte in Berlin ein achtjähriges Mädchen in einen Hausflur gelockt, dort vergewaltigt und dabei erwürgt. Vom Gericht wurde er zu 15 Jahren Zuchthaus verurteilt. Am selben Tag wurde er noch nach Sachsenhausen zur Exekution gebracht. Ich sehe ihn, heute noch, aus dem Wagen steigen beim Eingang zum Industriehof. Zynisch grinsend, ein wüst aussehender, verkommener älterer Kerl, der typische Asoziale. Bei diesen Berufsverbrechern hatte der Reichsführer SS keine Frist befohlen. Als ich ihm seine Erschießung eröffnete, wurde er ganz gelb-blass und fing an zu heulen und zu jammern und zu toben. Dann schrie er nach Begnadigung – ein widerliches Bild. Auch ihn musste ich an den Pfahl fesseln lassen. – Ob diese Amoralischen Angst vor dem »Jenseits« haben? Anders kann ich mir ihr Verhalten nicht erklären.

Beispiele nur, die mir gerade erinnerlich sind, ein kleiner Ausschnitt aus dem reichlich bunten Leben in einem Konzentrationslager.

VIII

Als nun die Einrichtung von Auschwitz akut wurde, brauchte man nicht lange nach einem Kommandanten zu suchen. So wurde ich Kommandant des neu zu errichtenden Quarantänelagers Auschwitz. Das war weitab, das lag dahinten in Polen. Dort konnte der unbequeme Höß seine Arbeitswut nach Herzenslust austoben. Das war die Meinung Glücks', des Inspekteurs KL. Unter diesen Vorzeichen trat ich in meine neue Aufgabe.

Und die Aufgabe war nicht leicht. Ich sollte in kürzester Frist aus dem bestehenden, zwar gebäudemäßig gut erhaltenen, aber vollständig verwahrlosten und von Ungeziefer wimmelnden Komplex ein Durchgangslager für 10 000 Häftlinge schaffen. Es ist viel leichter, ein Lager völlig neu zu errichten, als aus einem für ein Konzentrationslager unzweckmäßigen Konglomerat von Gebäuden und Baracken – ohne große bauliche Veränderungen, wie zuerst befohlen –

schnellstens etwas Brauchbares zu schaffen. Dienten die Konzentrationslager vor dem Kriege dem Selbstzweck, so waren sie durch den Krieg nach dem Willen des Reichsführers SS Mittel zum Zweck geworden. Sie sollten nun in erster Linie dem Kriege selbst, der Rüstung dienen. Es sollte möglichst jeder Häftling Rüstungsarbeiter werden. Jeder Kommandant habe sein Lager diesem Zweck rücksichtslos dienstbar zu machen. Auschwitz sollte nach dem Willen des Reichsführers SS eine gewaltige Häftlings-Rüstungs-Zentrale werden. Und für all dies war ich nun einzig und allein verantwortlich. Aus nichts und mit nichts schnellstens – für die damaligen Begriffe – etwas Ungeheures aufzubauen.

Das Hauptkontingent stellten bis Anfang 1942 die polnischen Häftlinge. Sie wussten alle, dass sie zumindest für die Dauer des Krieges im Konzentrationslager verbleiben mussten. Dass Deutschland den Krieg verlieren würde, glaubten auch die meisten, nach Stalingrad wohl alle. Durch die Feindnachrichten waren sie ja über die wirkliche Lage Deutschlands genauestens im Bilde. Die Feindnachrichten abzuhören war nicht schwer, es gab genug Radiogeräte in Auschwitz. Selbst in meinem Hause wurde so abgehört. Da nach dieser Feindpropaganda die Niederlage der Achsenmächte nur noch eine Frage der Zeit war, war also, so gesehen, in dieser Richtung für die polnischen Häftlinge kein Grund zum Verzweifeln. Es fragte sich nur: Wer hatte das Glück, die Haft zu überstehen?

All das Bangen vor den Zufälligkeiten, die täglich jeden treffen konnten: Er konnte durch Seuchen, denen sein physischer Zustand nicht mehr gewachsen war, hinweggerafft werden. Er konnte ebenso unvermutet in Verbindung mit einer Widerstandsbewegung vor das Standgericht gebracht und zum Tode verurteilt werden. Er konnte als Repressalie liquidiert werden. Viele lockte die Flucht, um dieser Misere zu entrinnen. Aber – diesen Fluchtgedanken standen entgegen die Repressalien, die Festnahme von Familienangehörigen, die Liquidierung von zehn oder noch mehr Leidensgefährten. Viele Flüchtige haben sich wenig um die Repressalien gekümmert, sie wagten es trotzdem. Hatten sie Pech, dann war es eben aus. So oder so kaputt – war deren Losung. Die Leidensgefährten aber, die Mithäftlinge mussten an der

Leiche des auf der Flucht Erschossenen vorbeimarschieren, damit sie sähen, wie eine Flucht enden könne. Dieser Anblick hat wohl viele von ihren Fluchtabsichten zurücktreten lassen, hat viele abgeschreckt.

Was mag wohl in den vorbeimarschierenden Häftlingen vorgegangen sein? Wenn ich es verstehe, in Gesichtern zu lesen, so sah ich darin: Erstarren ob *dieses* Schicksals, Mitleid mit dem Unglücklichen, und Rache, Vergeltung zu gegebener Zeit. Die gleichen Gesichter sah ich bei den Erhängungen vor versammelten Häftlingen. Nur dass dabei das Erschrecken, die Angst vor dem gleichen Schicksal mehr hervortrat.

Hier muss ich auch das Standgericht und die Geiselliquidierung erwähnen. Die Geiseln saßen meist schon längere Zeit im Lager. Dass sie Geiseln waren, wussten weder sie selbst noch die Lagerführung. Plötzlich kam ein Fernschreiben mit dem Befehl des Reichssicherheitshauptamts: nachstehende Häftlinge sind als Geiseln zu erschießen oder zu erhängen. Innerhalb weniger Stunden musste auch bereits der Vollzug gemeldet werden. Die Betreffenden wurden von ihren

Arbeitsplätzen weggeholt oder beim Appell herausgezogen und zum Arrest gebracht. Im Arrest wurde ihnen der Exekutionsbefehl eröffnet. In der ersten Zeit 1940/41 wurden sie durch ein Exekutionskommando der Truppe erschossen. In späterer Zeit erhängt oder einzeln durch Genickschuss mit dem Kleinkalibergewehr getötet, bettlägerige Kranke im Krankenbau durch Injektion liquidiert. Das Standgericht Kattowitz kam gewöhnlich alle vier bis sechs Wochen nach Auschwitz.

Das nächste größere Kontingent waren die russischen Kriegsgefangenen, die das Kriegsgefangenenlager Birkenau aufbauen sollten. Sie kamen aus dem Wehrmachts-Kriegsgefangenenlager Lamsdorf O/S. in einem völlig heruntergekommenen Zustand. Sie waren in wochenlangen Fußmärschen dorthin gebracht worden. Unterwegs gab es kaum Verpflegung, bei den Marschpausen wurden sie einfach auf die nächstliegenden Felder geführt und »fraßen« da, wie das Vieh, alles nur Genießbare.

Mit diesen oft sich kaum noch aufrecht haltenden Gefangenen sollte ich nun das Kriegsgefangenenlager Birkenau aufbauen. Willig zur Arbeit waren sie – aber sie konnten vor Entkräftung nichts leisten. Sie starben wie die Fliegen dahin an allgemeiner Körperschwäche oder an der leichtesten Erkrankung, gegen die der Körper sich nicht mehr wehren konnte. Ich sah Unzählige sterben, während sie Rüben, Kartoffeln schluckten. Ganz schlimm wurde es während der Schlammperioden des Winters 41/42. Kälte konnten sie noch eher vertragen, aber die Nässe, das Nicht-mehr-trocken-Werden, noch dazu in den halbfertigen, primitiven, schnell zusammengeschmierten Steinbaracken im Anfang von Birkenau, tat das Übrige, um die Todesziffer ständig steigen zu lassen.

Die Fälle von Kannibalismus waren in Birkenau nicht selten. Ich selbst fand einen Russen zwischen den Ziegelsteinhaufen liegend, dem der Leib mit einem stumpfen Gegenstand aufgerissen war und dem die Leber fehlte. Sie schlugen sich gegenseitig tot, um zu Essbarem zu gelangen. Es waren keine Menschen mehr. Sie waren Tiere geworden, nur noch auf Nahrungssuche aus. Von den über 10 000 russischen Kriegsgefangenen, die die Hauptarbeitskraft für den Aufbau des Kriegsgefangenenlagers Birkenau darstellen sollten, waren bis zum Sommer 42 nur noch wenige Hundert am Leben. Dieser Rest war dann die Auslese.

Im Sommer 1942, glaube ich, gelang diesem Rest ein Massenausbruch. Ein großer Teil wurde dabei erschossen. Als Grund zu diesem Massenausbruch gaben die Wiederergriffenen an, sie hätten Angst vor der Vergasung gehabt, die sie befürchteten, als man ihnen die Verlegung in einen neuen, fertig gewordenen Abschnitt ankündigte. Es war aber nie beabsichtigt, diese Russen zu vergasen.

Das nächstfolgende Hauptkontingent stellten die Zigeuner. Schon lange vor dem Krieg waren bei den Asozialen-Aktionen auch Zigeuner in die Konzentrationslager gewandert. Beim Reichskriminalpolizeiamt befasste sich eine Dienststelle nur mit der Überwachung der Zigeuner. Weiter wurden die Zigeunerlager laufend biologisch überprüft. Der Reichsführer SS wollte die beiden großen Hauptstämme der Zigeuner unbedingt erhalten wissen – die Bezeichnung der Stämme ist mir nicht mehr geläufig. Nach seiner Ansicht waren sie Nachfahren der indogermanischen Urvölker in direkter Linie und hatten sich in Art und Brauchtum noch ziemlich rein erhalten. Sie sollten nun zu Forschungszwecken alle erfasst, genau registriert und unter Denkmalschutz gestellt werden. Wieviel Zigeuner beziehungsweise Mischlinge in Auschwitz waren, kann ich nicht mehr sagen. Ich weiß nur, dass sie den Abschnitt, für 10 000 berechnet, voll besetzt hatten. Nun waren aber die allgemeinen Verhältnisse in Birkenau für alles andere – nur nicht für ein Familienlager geeignet. Die arbeitsfähigen Zigeuner wurden in andere Lager überstellt. Es blieben dann noch bis August 1944 ca. 4 000 Zigeuner übrig, die in die Gaskammern gehen mussten. Bis zu diesem Zeitpunkt wussten diese nicht, was ihnen bevorstand. Erst als sie barackenweise nach dem Krematorium I wanderten, merkten sie es. Es war nicht leicht, sie in die Kammern hineinzubekommen.

Ihrem Leben und Treiben zuzusehen wäre interessant gewesen, hätte ich nicht dahinter das große Grauen gesehen – den Vernichtungsbefehl, den in Auschwitz außer mir bis Mitte 1944 nur die Ärzte kannten. Diese hatten laut Reichsführer-SS-Befehl die Kranken, besonders die Kinder, unauffällig zu beseitigen. Und gerade die hatten solches Zutrauen zu den Ärzten.

IX

Wie wirkte nun die Haft auf die Juden, die ab 1942 die Hauptmasse der Auschwitzer Häftlinge ausmachten, wie war ihr Verhalten?

Juden gab es schon von Anfang an in den Konzentrationslagern. Sie waren mir daher von Dachau her genügend bekannt. Doch die Juden der damaligen Zeit hatten die Möglichkeit, falls ihnen von irgendeinem Staat in der weiten Welt die Einreiseerlaubnis erteilt wurde, auszuwandern. Es war also ihr Aufenthalt nur eine Frage der Zeit beziehungsweise des Geldes und der ausländischen Verbindungen. Viele brachten innerhalb weniger Wochen ihre benötigten Visa zusammen und konnten so der Haft entrinnen. Nur Rassenschänder oder Juden, die sich in der Systemzeit besonders aktiv politisch betätigt hatten, mussten weiter im Lager verbleiben. Sie wurden als die »Verderber des deutschen Volkes« genug gehetzt und getrieben, auch von ihren Mitgefangenen.

Hierzu muss ich sagen: Ich habe den »Stürmer«, die antisemitische Wochenschrift Streichers, stets abgelehnt wegen ihrer üblen Aufmachung, mit der Wirkung auf niedrigste Instinkte berechnet. Die Zeitung hat viel Unheil angerichtet, sie hat dem ernsthaften Antisemitismus nicht genutzt, sondern im Gegenteil bösen Abbruch getan. Kein Wunder, wenn man nach dem Zusammenbruch erfuhr, dass ein Jude die Zeitung redigierte, die wüstesten Hetzartikel schrieb. Wenn man das Judentum geistig bekämpfen wollte, so musste man sich schon besserer Waffen bedienen.

Es kam die von Goebbels inszenierte Kristallnacht im November 1938, wo, als Vergeltung für den von einem Juden in Paris erschossenen von Rath, im ganzen Reich die jüdischen Geschäfte zerstört, zumindest die Fenster eingeschlagen wurden und in der überall in den Synagogen Feuer ausbrach, die Feuerwehren aber an der Brandbekämpfung verhindert wurden. »Zu ihrem eigenen Schutz vor der Wut des Volkes« wurden alle Juden, die noch im Handel, in der Industrie, im Geschäftsleben eine Rolle spielten, verhaftet und in die Konzentrationslager gebracht als Schutzhaftjuden. So lernte ich sie erst in der Masse kennen.

Ich möchte hier noch betonen: Ich selbst habe persönlich nie Juden gehasst. Sie waren für mich zwar die Feinde unseres Volkes. Sie waren aber deswegen für mich gleich den anderen Häftlingen und ebenso zu behandeln. Ich habe da nie einen Unterschied gemacht. Im Übrigen ist mir das Gefühl Hass nicht eigen. Aber ich weiß, was Hass ist und wie er aussieht. Ich habe ihn gesehen, und ich habe ihn selbst verspürt.

Als der Reichsführer SS seinen ursprünglichen Judenvernichtungsbefehl von 1941, nach dem alle Juden ausnahmslos zu vernichten waren, dahin abänderte, dass die Arbeitsfähigen für die Rüstungsindustrie heranzuziehen seien, wurde Auschwitz Judenlager, ein Judensammellager in einem bis dahin nicht gekannten Ausmaß. Während die inhaftierten Juden der früheren Jahre doch damit rechneten, dass sie eines Tages wieder entlassen würden, und dadurch die Schwere der Haft ihnen psychisch doch viel leichter wurde, gab es für die Auschwitzer Juden in dieser Hinsicht keine Hoffnung mehr. Sie wussten ausnahmslos, dass sie zum Tode verurteilt waren, dass sie nur so lange am Leben blieben, wie sie arbeiten konnten. Das Gros machte sich auch keine Hoffnung auf eine Änderung ihres traurigen Loses. Sie waren Fatalisten. Geduldig und stumpf ließen sie all das Elend, die Not und die Qual der Haft über sich ergehen. Die Aussichtslosigkeit, dem vorauszusehenden Ende zu entgehen, ließ sie psychisch an ihrer Umwelt völlig teilnahmslos werden. Dieser psychische Zusammenbruch beschleunigte den physischen. Sie hatten keinen Lebenswillen mehr, ihnen war alles gleichgültig geworden, die geringste körperliche Erschütterung brachte sie zum Erliegen. Ob früher oder später, der Tod war ihnen gewiss. Ich behaupte fest – nach dem, was ich beobachtet habe –, die hohe Sterblichkeit der Juden war nicht nur durch die für die meisten schwere, ungewohnte Arbeit, durch die unzureichende Ernährung, die vollgepresste Unterkunft und all die anderen Widrigkeiten und Missstände des Lagerlebens bedingt, sondern hauptsächlich und entscheidend durch den psychischen Zustand. Bei den jüdischen Frauen war dies noch viel deutlicher festzustellen. Sie verfielen noch viel rascher als die Männer, obwohl doch die Frauen nach meinen Beobachtungen psychisch wie physisch im Allgemeinen viel zäher und ausdauernder sind als die Männer. Wenn die Frauen einmal einen gewissen Nullpunkt erreicht hatten, ließen sie sich vollkommen gehen. Als vollkommen willenlose Gespenster wankten sie durch die Gegend, mussten von den anderen überall hingeschoben werden, bis sie dann eines Tages still hinübergingen. Diese wandelnden Leichen waren ein fürchterlicher Anblick.

Das vorher Gesagte war gültig für das Gros, die Masse der jüdischen Häftlinge. Anders und verschiedenartig verhielten sich die Intelligenteren, die psychisch stärkeren und lebenswilligeren Juden, vorwiegend aus Ländern des Westens. Gerade denen war, besonders wenn es Ärzte waren, doch das ihnen bevorstehende Ende eindeutig klar. Aber sie hofften und rechneten mit einem Glücksumstand, der doch irgendwie und irgendwann einmal eintreten und ihr Leben retten könne. Dazu kam, dass sie mit dem Zusammenbruch Deutschlands rechneten, denn die Feindpropaganda erreichte auch sie leicht.

X

Nach dem Willen des Reichsführers SS wurde Auschwitz die größte Menschen-Vernichtungs-Anlage aller Zeiten. Als er mir im Sommer 1941 persönlich den Befehl erteilte, in Auschwitz einen Platz zur Massenvernichtung vorzubereiten und diese Vernichtung durchzuführen, konnte ich mir nicht die geringsten Vorstellungen über die Ausmaße und die Auswirkungen machen. Wohl war dieser Befehl etwas Ungewöhnliches, etwas Ungeheuerliches. Doch die Begründung ließ mir diesen Vernichtungsvorgang richtig erscheinen. Ich stellte damals keine Überlegungen an. Ob diese Massenvernichtung der Juden notwendig war oder nicht, darüber konnte ich mir kein Urteil erlauben, so weit konnte ich nicht sehen. Wenn der Führer selbst die »Endlösung der Judenfrage« befohlen hatte, gab es für einen alten Nationalsozialisten keine Überlegungen, noch weniger für einen SS-Führer. »Führer befiehl, wir folgen« war keinesfalls eine Phrase, kein Schlagwort für uns.

Es wurde mir seit meiner Verhaftung wiederholt gesagt, dass ich diesen Befehl hätte ablehnen, ja dass ich Himmler hätte über den Haufen schießen können. So etwas war einfach ganz unmöglich. Wohl haben viele SS-Führer über manchen harten Befehl des Reichsführers SS gemeckert, geschimpft, aber ausgeführt haben sie jeden. Seine Person als Reichsführer SS war unantastbar. Seine grundsätzlichen Befehle im Namen des Führers waren heilig. An denen gab es keine Überlegungen, keine Auslegungen, keine Deutungen. Was der Führer befahl beziehungsweise für uns sein ihm Nächststehender, der Reichsführer SS – war *immer* richtig.

Im Sommer 1941, den genauen Zeitpunkt vermag ich nicht anzugeben, wurde ich also plötzlich zum Reichsführer SS nach Berlin befohlen, und zwar direkt durch seine Adjutantur. Entgegen seinen sonstigen Gepflogenheiten eröffnete er mir ohne Beisein eines Adjutanten dem Sinne nach Folgendes: Der Führer hat die Endlösung der Judenfrage befohlen, wir – die SS – haben diesen Befehl durchzuführen. Die bestehenden Vernichtungsstellen im Osten sind nicht in der Lage, die beabsichtigten großen Aktionen durchzuführen. Ich habe daher Auschwitz dafür bestimmt, einmal wegen der günstigen verkehrstechnischen Lage, und zweitens lässt sich das dafür dort zu bestimmende Gebiet leicht absperren und tarnen. Ich hatte erst einen höheren SS-Führer für diese Aufgabe ausgesucht; um aber Kompetenzschwierigkeiten von vornherein zu begegnen, unterbleibt das, und Sie haben nun diese Aufgabe durchzuführen. Es ist eine harte und schwere Arbeit, die den Einsatz der ganzen Person erfordert, ohne Rücksicht auf etwa entstehende Schwierigkeiten. Nähere Einzelheiten erfahren Sie durch Sturmbannführer Eichmann vom Reichssicherheitshauptamt, der in nächster Zeit zu Ihnen kommt. Die beteiligten Dienststellen werden von mir zu gegebener Zeit benachrichtigt. Sie haben über diesen Befehl strengstes Stillschweigen, selbst Ihren Vorgesetzten gegenüber, zu bewahren. Die Juden sind die ewigen Feinde des deutschen Volkes und müssen ausgerottet werden. Alle für uns erreichbaren Juden sind jetzt während des Krieges ohne Ausnahme zu vernichten. Gelingt es uns jetzt nicht, die biologischen Grundlagen des Judentums zu zerstören, so werden einst die Juden das deutsche Volk vernichten.

Nach Erhalt dieses schwerwiegenden Befehls fuhr ich sofort nach Auschwitz zurück. Kurze Zeit danach kam Eichmann zu mir. Er weihte mich in die Pläne der Aktion in den einzelnen Ländern ein. Die Reihenfolge vermag ich nicht mehr genau anzugeben. Er nannte mir auch ungefähre Zahlen der zu erwartenden Transporte, die ich aber nicht mehr nennen kann. Wir besprachen weiter die Durchführung der Vernichtung. Es käme nur Gas in Frage, denn durch Erschießen die zu erwartenden Massen zu beseitigen wäre schlechterdings unmöglich und auch eine zu große Belastung für die SS-Männer, die dies durchführen müssten im Hinblick auf die Frauen und Kinder. Eichmann machte mich bekannt mit der Tötung durch die Motorenabgase in Lastwagen, wie sie bisher im Osten durchgeführt wurde. Dies käme aber für die zu erwartenden Massentransporte in Auschwitz nicht in Frage. Die Tötung durch Kohlenoxydgas, durch Brausen in einem Baderaum, wie die Vernichtung der Geisteskranken an einigen Stellen im Reich durchgeführt wurde, erfordere zu viel Baulichkeiten, auch wäre die Beschaffung des Gases für die großen Massen problematisch. Wir kamen in dieser Frage zu keinem Entscheid.

Wir fuhren ins Gelände, um den geeigneten Platz festzustellen. Wir hielten das Bauerngehöft an der Nordwestecke des späteren Bauabschnittes III Birkenau für geeignet. Es war abgelegen, gegen Einsicht durch umliegende Waldstücke und Hecken geschützt und nicht zu weit von der Bahn entfernt. Die Leichen sollten auf dem angrenzenden Wiesenplan in tiefen langen Gruben untergebracht werden. An ein Verbrennen dachten wir zu diesem Zeitpunkt noch nicht. Wir errechneten, dass man in den dort vorhandenen Räumlichkeiten ungefähr 800 Menschen gleichzeitig nach Gasdichtmachung durch ein geeignetes Gas töten könne. Dies entsprach auch der späteren Kapazität.

Ende November war in Berlin bei der Dienststelle Eichmann eine Dienstbesprechung des gesamten Judenreferats, zu der auch ich hinzugezogen wurde. Die Beauftragten Eichmanns in den einzelnen Ländern berichteten über den Stand der Aktionen und über die Schwierigkeiten, die der Durchführung der Aktionen entgegenstanden, wie Unterbringung der Verhafteten, Bereitstellung der Transport-Züge, Fahrplankonferenz und Ähnliches. Den Beginn der Aktionen konnte ich noch nicht erfahren. Auch hatte Eichmann noch kein geeignetes Gas aufgetrieben.

Im Herbst 1941 wurden durch einen Geheimen Sonderbefehl in den Kriegsgefangenenlagern die russischen Politruks, Kommissare und besondere politische Funktionäre durch die Gestapo ausgesondert und dem nächstgelegenen Konzentrationslager zur Liquidierung zugeführt. In Auschwitz trafen laufend kleinere Transporte dieser Art ein, die durch Erschießung in der Kiesgrube bei den Monopolgebäuden oder im Hof des Blocks II getötet wurden. Gelegentlich einer Dienstreise meinerseits hatte mein Vertreter, der Hauptsturmführer Fritzsch, aus eigener Initiative Gas zur Vernichtung dieser russischen Kriegsgefangenen verwendet, und zwar derart, dass er die einzelnen im Keller gelegenen Zellen mit den Russen vollstopfte und unter Verwendung von Gasmasken Cyclon B in die Zellen warf, das den sofortigen Tod herbeiführte. Das Gas Cyclon B wurde in Auschwitz durch die Firma Tesch & Stabenow laufend zur Ungezieferbekämpfung verwendet, und es lagerte daher immer ein Vorrat dieser Gasbüchsen bei der Verwaltung.

Nach meiner Rückkehr meldete er mir dies, und beim nächsten Transport wurde wiederum dies Gas benutzt. Die Vergasung wurde in den Arrestzellen des Blocks II durchgeführt. Ich selbst habe mir die Tötung, durch eine Gasmaske geschützt, angesehen. Der Tod erfolgte in den vollgepfropften Zellen sofort nach Einwurf. Nur ein kurzes, schon fast ersticktes Schreien, und schon war es vorüber. So recht zum Bewusstsein ist mir diese erste Vergasung von Menschen nicht gekommen, ich war vielleicht zu sehr von dem ganzen Vorgang überhaupt beeindruckt.

Stärker erinnerlich ist mir die bald darauf erfolgte Vergasung von 900 Russen im alten Krematorium, da die Benutzung des Blocks II zu viel Umstände erforderlich machte. Die Russen mussten sich im Vorraum entkleiden und gingen alle ganz ruhig in den Leichenraum, da ihnen gesagt wurde, sie würden da entlaust. Der ganze Transport ging gerade genau in den Leichenraum. Die Tür wurde zugeschlossen und das Gas durch die Öffnungen hineingeschüttet. Wie lange diese Tötung gedauert hat, weiß ich nicht. Doch war eine geraume Weile das Gesumme noch zu vernehmen. Beim Einwerfen schrien einige: »Gas«, darauf ging ein mächtiges Brüllen los und ein Drängen nach den beiden Türen. Diese hielten aber den Druck aus.

Nach mehreren Stunden erst wurde geöffnet und entlüftet. Da sah ich nun zum ersten Male die Gasleichen in der Menge. Doch ich muss offen sagen, auf mich wirkte diese Vergasung beruhigend, da ja in absehbarer Zeit mit der Massenvernichtung der Juden begonnen werden musste, und noch war weder Eichmann noch mir die Art der Tötung dieser zu erwartenden Massen klar. Durch Gas sollte es wohl sein, aber wie und was für ein Gas? Nun hatten wir das Gas und auch den Vorgang entdeckt.

Mir graute immer vor den Erschießungen, wenn ich an die Massen, an die Frauen und Kinder dachte. Ich hatte schon genug von den Geiselexekutionen, von den Gruppen-Erschießungen, die vom Reichsführer SS oder Reichssicherheitshauptamt befohlen wurden. Nun war ich doch beruhigt, dass uns allen diese Blutbäder erspart bleiben sollten, dass auch die Opfer bis zum letzten Moment geschont werden konnten. Gerade dieses machte mir am meisten Sorge, wenn ich an die Schilderungen Eichmanns von dem Niedermähen der Juden mit Maschinengewehr und Maschinenpistole durch die Einsatzkommandos dachte. Grauenhafte Szenen sollen sich dabei abgespielt haben: das Weglaufen von Angeschossenen, das Töten der Verwundeten, vor allem der Frauen und Kinder. Die häufigen Selbstmorde in den Reihen der Einsatzkommandos, die das Im-Blut-Waten nicht mehr ertragen konnten. Einige sind auch verrückt geworden.

Beim nächsten Besuch Eichmanns berichtete ich ihm über diese Verwendung von Cyclon B, und wir entschlossen uns, bei der zukünftigen Massenvernichtung dieses Gas zur Anwendung zu bringen.

XI

Zu welcher Zeit nun die Judenvernichtung begann, vermag ich nicht mehr anzugeben. Wahrscheinlich noch im September 1941, vielleicht aber auch erst im Januar 1942. Es handelte sich zuerst um Juden aus Ostoberschlesien. Diese Juden wurden durch die Stapoleitstelle Kattowitz verhaftet und in Transporten mit der Bahn auf ein Abstellgleis auf der Westseite der Bahnstrecke Auschwitz-Dziedzice gebracht und dort ausgeladen. Soviel ich mich erinnere, waren diese Transporte nie stärker als 1000 Menschen.

An der Bahnrampe wurden die Juden von einer Bereitschaft des Lagers von der Stapo übernommen und in zwei Abteilungen durch den Schutzhaftlagerführer zu dem Bunker, wie die Vernichtungsanlage bezeichnet wurde, gebracht. Das Gepäck blieb an der Rampe und wurde dann nach der Sortierstelle – Kanada genannt – gebracht. Die Juden mussten sich bei dem Bunker ausziehen, es wurde ihnen gesagt, dass sie zur

Entlausung in die auch so bezeichneten Räume gehen müssten. Alle Räume, es handelte sich um fünf, wurden gleichzeitig gefüllt, die gasdicht gemachten Türen zugeschraubt und der Inhalt der Gasbüchsen durch besondere Lücken in die Räume geschüttet.

Nach Verlauf einer halben Stunde wurden die Türen wieder geöffnet, in jedem Raum waren zwei Türen, die Toten herausgezogen und auf kleinen Feldbahnwagen auf einem Feldbahngeleis zu den Gruben gefahren. Die Kleidungsstücke wurden mit Lastwagen zur Sortierstelle gebracht. Die ganze Arbeit, Behilflichsein beim Ausziehen, Füllen des Bunkers, Räumung des Bunkers, Beseitigung der Leichen sowie das Ausschachten und Zuschütten der Massengräber, wurde durch ein besonderes Kommando von Juden durchgeführt, die gesondert untergebracht waren und laut Anordnung Eichmanns nach jeder größeren Aktion ebenfalls vernichtet werden sollten.

Während der ersten Transporte schon brachte Eichmann einen Befehl des Reichsführers SS, wonach den Leichen die Goldzähne auszuziehen und bei den Frauen die Haare abzuschneiden seien. Diese Arbeit wurde ebenfalls von dem Sonderkommando durchgeführt. Das Zahngold wurde im SS-Revier von den Zahnärzten zu Barren eingeschmolzen und monatlich dem Sanitätshauptmann zugeführt. Die abgeschnittenen Frauenhaare wurden einer Firma in Bayern für Rüstungszwecke zugeführt.

Die Aufsicht bei der Vernichtung hatte zu der Zeit jeweils der Schutzhaftlagerführer beziehungsweise der Rapportführer. Kranke Personen, die man nicht in die Gasräume bringen konnte, wurden durch Genickschuss mit dem Kleinkalibergewehr getötet. Ein SS-Arzt musste ebenfalls zugegen sein. Das Einwerfen des Gases erfolgte durch die ausgebildeten Desinfektoren.

Während es sich im Frühjahr 1942 noch um kleinere Aktionen handelte, verdichteten sich die Transporte während des Sommers, und wir waren gezwungen, noch eine weitere Vernichtungsanlage zu schaffen. Es wurde das Bauerngehöft westlich der späteren Krematorien III und IV ausgewählt und hergerichtet. Zur Entkleidung waren beim Bunker I zwei und beim

Bunker II drei Baracken entstanden. Der Bunker II war größer, er fasste ca. 1200 Personen.

Noch im Sommer 1942 wurden die Leichen in die Massengräber gebracht. Erst gegen Ende des Sommers fingen wir an mit der Verbrennung; zuerst auf einem Holzstoß mit ca. 2000 Leichen, nachher in den Gruben mit den wieder freigelegten Leichen aus der früheren Zeit. Die Leichen wurden zuerst mit Ölrückständen, später mit Methanol übergossen. In den Gruben wurde fortgesetzt verbrannt, also Tag und Nacht. Ende November 1942 waren sämtliche Massengräber geräumt. Die Zahl der in den Massengräbern vergrabenen Leichen betrug 107000. In dieser Zahl sind nicht nur die vergasten Judentransporte vom Anfang bis zum Beginn der Verbrennungen enthalten, sondern auch die Leichen der im Lager Auschwitz verstorbenen Häftlinge des Winters 1941/42, als das Krematorium beim Revier längere Zeit ausgefallen war. Ebenso sind darin enthalten sämtliche verstorbenen Häftlinge des Lagers Birkenau.

Der Reichsführer SS sah sich anlässlich seines Besuches im Sommer 1942 den gesamten Vorgang der Vernichtung genau an. Zu der Zeit wurde noch nicht verbrannt. Er hatte nichts zu beanstanden. Kurze Zeit nach dem Reichsführerbesuch kam Standartenführer Blobel von der Dienststelle Eichmann und brachte den Reichsführer-SS-Befehl, wonach sämtliche Massengräber freizulegen und die Leichen zu verbrennen seien. Ebenso sollte die Asche so beseitigt werden, dass man in späterer Zeit keinerlei Rückschlüsse über die Zahl der Verbrannten ziehen könne.

XII

Ursprünglich waren laut Reichsführer-SS-Befehl alle durch die Dienststelle Eichmann nach Auschwitz transportierten Juden ausnahmslos zu vernichten. Dies geschah auch bei den Juden aus dem Gebiet Oberschlesien, aber schon bei den ersten Transporten deutscher Juden kam der Befehl, alle arbeitsfähigen Juden, Männer und Frauen, auszusuchen und im Lager für Rüstungszwecke einzusetzen. Dies geschah noch vor der Einrichtung des Frauenlagers, denn die Notwendigkeit, ein Frauenlager in Auschwitz zu errichten, entstand erst durch diesen Befehl.

Die Aussuchung der arbeitsfähigen Juden hatte durch SS-Ärzte zu erfolgen. Ich selbst war der Anschauung, dass nur wirklich gesunde und kräftige Juden für den Arbeitseinsatz ausgesucht werden durften. Die Aussortierung ging so vor sich: Die Waggons wurden nacheinander entladen. Nach Ablegung des Gepäcks mussten die Juden einzeln an einem SS-Arzt vorbeigehen, der im Vorbeimarschieren die Tauglichkeit entschied. Die Arbeitseinsatzfähigen wurden in kleineren Abteilungen sofort ins Lager abgeführt. Der Tauglichkeitsprozentsatz war 25–30 Prozent im Gesamtdurchschnitt aller Transporte, schwankte aber sehr. Juden-Ärzte und Pflegepersonal wurden ausnahmslos dem Lager zugeführt.

Schon bei den ersten Verbrennungen im Freien zeigte es sich, dass auf die Dauer dies nicht durchzuführen sei. Bei schlechtem Wetter oder starkem Wind trieb der Verbrennungsgeruch viele Kilometer weit und führte dazu, dass die ganze umwohnende Bevölkerung von den Judenverbrennungen sprach. Darüber hinaus erhob die Luftabwehr Einspruch gegen die weithin in der Luft sichtbaren nächtlichen Feuer. Es musste aber auch nachts weiter verbrannt werden, um die eintreffenden Transporte nicht abstoppen zu müssen. Obige Gründe führten nun zu der mit allen Mitteln vorwärtsgetriebenen Planung und dem schließlichen Bau der beiden großen Krematorien, und 1943 zum Bau der zwei weiteren kleineren Anlagen.

Die beiden großen Krematorien I und II wurden im Winter 1942/43 gebaut und im Frühjahr 1943 in Betrieb genommen. Sie hatten je fünf 3-Kammer-Öfen und konnten innerhalb 24 Stunden je ca. 2000 Leichen verbrennen. Die Verbrennungskapazität zu steigern war feuerungstechnisch nicht möglich. Die beiden Krematorien I und II hatten unterirdisch gelegene Auskleide- und Vergasungsräume, die be- und entlüftet werden konnten. Die Leichen wurden durch einen Aufzug zu den oben befindlichen Öfen gebracht. Die Vergasungsräume fassten je 3000 Menschen, diese Zahlen wurden aber nie erreicht, da die einzelnen Transporte ja nie so stark waren.

Die beiden kleineren Krematorien III und IV sollten nach der Berechnung durch die Baufirma Topf, Erfurt, je 1500 innerhalb 24 Stunden verbrennen können. Es stellte sich aber bald heraus, dass die leichtere Bauart der Öfen, je zwei 4-Kammer-Öfen, den Anforderungen nicht gewachsen war. III fiel nach kurzer Zeit gänzlich aus und wurde später überhaupt nicht mehr benutzt. IV musste wiederholt stillgelegt werden, da nach kurzer Verbrennungsdauer von vier bis sechs Wochen die Öfen oder der Schornstein ausgebrannt waren.

Die provisorische Anlage I wurde bei Beginn des Bauabschnittes III des Lagers Birkenau abgerissen. Die Anlage II, später als Freianlage oder Bunker V bezeichnet, war bis zuletzt in Betrieb, und zwar als Ausweichmöglichkeit bei Pannen in den Krematorien I bis IV. Bei Aktionen mit dichterer Zugfolge wurden die Vergasungen bei Tage in V durchgeführt, die nachts ankommenden Transporte in I bis IV. Die Verbrennungsmöglichkeit bei V war praktisch fast unbegrenzt, als noch Tag und Nacht verbrannt werden konnte. Durch die feindliche Lufttätigkeit ab 1944 durfte nachts nicht mehr gebrannt werden. Die erreichte Zahl innerhalb 24 Stunden an Vergasungen und Verbrennungen war etwas über 9000 an allen Stellen außer III im Sommer 1944 während der Ungarnaktion, als durch Zugverspätungen anstatt der vorgesehenen drei Züge fünf Züge innerhalb 24 Stunden einliefen und diese außerdem noch stärker belegt waren.

Die Zahl der in Auschwitz zur Vernichtung eingelieferten Juden gab ich in früheren Vernehmungen mit 2½ Millionen an. Diese Zahl stammt von Eichmann. Ich selbst wusste nie die Gesamtzahl, habe auch keine Anhaltspunkte, um sie wiedergeben zu können. Ich halte die Zahl 2½ Millionen für viel zu hoch. Die Möglichkeiten der Vernichtung hatten auch in Auschwitz ihre Grenzen. Die Zahlenangaben ehemaliger Häftlinge sind Phantasiegebilde und entbehren jeder Grundlage.

XIII

Der Vernichtungsvorgang verlief in Auschwitz wie folgt: Die zur Vernichtung bestimmten Juden wurden möglichst ruhig – Männer und Frauen getrennt – zu den Krematorien geführt. Im Auskleideraum wurde ihnen durch die dort beschäftigten Häftlinge des Sonderkommandos in ihrer Sprache gesagt, dass sie hier nun zum Baden und zur Entlausung kämen, dass sie ihre Kleider ordentlich zusammenlegen sollten und vor allem den Platz zu merken hätten, damit sie nach der Entlausung ihre Sachen schnell wiederfinden könnten. Die Häftlinge des Sonderkommandos hatten selbst das größte Interesse daran, dass der Vorgang sich schnell, ruhig und reibungslos abwickelte. Nach der Entkleidung gingen die Juden in die Gaskammer, die, mit Brausen und Wasserleitungsröhren versehen, völlig den Eindruck eines Baderaumes machte. Zuerst kamen die Frauen mit den Kindern hinein, hernach die Männer, die ja immer nur die an Zahl wenigeren waren. Dies ging fast immer ganz ruhig, da die Ängstlichen und das Verhängnis vielleicht Ahnenden von den Häftlingen des Sonderkommandos beruhigt wurden. Auch blieben diese Häftlinge und ein SS-Mann bis zum letzten Moment in der Kammer.

Die Tür wurde nun schnell zugeschraubt und das Gas sofort durch die bereitstehenden Desinfektoren in die Einwurfluken durch die Decke der Gaskammer in einen Luftschacht bis zum Boden geworfen. Dies bewirkte die sofortige Entwicklung des Gases. Durch das Beobachtungsloch in der Tür konnte man sehen, dass die dem Einwurfschacht am nächsten Stehenden sofort tot umfielen. Man kann sagen, dass ungefähr ein Drittel sofort tot war. Die anderen fingen an zu taumeln, zu schreien und nach Luft zu ringen. Das Schreien ging aber bald in ein Röcheln über, und in wenigen Minuten lagen alle. Nach spätestens 20 Minuten regte sich keiner mehr.

Eine halbe Stunde nach dem Einwurf des Gases wurde die Tür geöffnet und die Entlüftungsanlage eingeschaltet. Es wurde sofort mit dem Herausziehen der Leichen begonnen. Eine körperliche Veränderung konnte man nicht feststellen, weder Verkrampfung noch Verfärbung, erst nach längerem Liegen, also nach mehreren Stunden, zeigten sich an den Liegestellen die üblichen Totenflecken. Auch waren Verunreinigungen durch Kot selten. Verletzungen irgendeiner Art wurden nicht festgestellt. Die Gesichter zeigten keinerlei Verzerrungen.

Den Leichen wurden nun durch das Sonderkommando die Goldzähne entfernt und den Frauen die Haare abgeschnitten. Hiernach wurden sie durch den Aufzug nach oben gebracht vor die inzwischen angeheizten Öfen. Je nach Körperbeschaffenheit wurden bis zu drei Leichen in eine Ofenkammer gebracht. Auch die Dauer der Verbrennung war durch die Körperbeschaffenheit bedingt. Es dauerte im Durchschnitt 20 Minuten.

Die Asche fiel während des ohne Unterbrechung fortgesetzten Verbrennens durch die Roste und wurde laufend entfernt und zerstampft. Das Aschenmehl wurde mittels Lastwagen zur Weichsel gefahren und dort schaufelweise in die Strömung geworfen, wo es sofort abtrieb und sich auflöste.

XIV

Nie habe ich erlebt, habe auch nie davon gehört, dass die Häftlinge des Sonderkommandos den zu Vergasenden auch nur das Geringste von dem ihnen Bevorstehenden sagten. Im Gegenteil, sie versuchten alles, um sie zu täuschen, vor allem die Ahnenden zu beruhigen.

Viele Frauen versteckten ihre Säuglinge in den Kleiderhaufen. Die vom Sonderkommando passten da ganz besonders auf und redeten der Frau so lange zu, bis sie das Kind mitnahm. Die Frauen glaubten, dass die Desinfektion den Kindern nicht guttäte, daher das Verstecken. Die kleinen Kinder jammerten meist ob des Ungewohnten beim Ausziehen, doch wenn die Mütter gut zuredeten oder die vom Sonderkommando, beruhigten sie sich und gingen spielend, sich gegenseitig neckend, ein Spielzeug im Arm, in die Kammern. Ich habe auch beobachtet, dass Frauen, die ahnten oder wussten, was ihnen bevorstand, mit der Todesangst in den Augen die

Kraft noch aufbrachten, mit ihren Kindern zu scherzen, ihnen gut zuzureden.

So gab es viele erschütternde Einzelszenen, die allen Anwesenden nahegingen. Im Frühjahr 1942 gingen Hunderte von blühenden Menschen unter den blühenden Obstbäumen des Bauerngehöfts, meist nichtsahnend, in die Gaskammern, in den Tod. Dies Bild vom Werden und Vergehen steht mir auch jetzt noch genau vor Augen.

Schon der Vorgang der Aussortierung an der Rampe war reich an Zwischenfällen. Durch das Auseinanderreißen der Familien, die Trennung der Männer von den Frauen und Kindern, kam schon eine große Aufregung und Unruhe in den ganzen Transport. Die weitere Trennung der Arbeitsfähigen vermehrte diesen Zustand noch. Die Familien wollten ja auf alle Fälle zusammenbleiben. So liefen dann Aussortierte wieder zu den Familienangehörigen zurück, oder Mütter mit Kindern versuchten zu ihren Männern oder älteren, zur Arbeit ausgesuchten Kindern zu kommen.

Oft musste mit Gewalt die Ordnung wiederhergestellt werden. Die Juden haben einen stark ausgeprägten Familiensinn. Sie hängen aneinander wie die Kletten. Doch fehlt ihnen nach meinen Beobachtungen das Zusammengehörigkeitsgefühl untereinander. Ich habe oft erlebt und auch gehört, dass Juden – besonders aus dem Westen – Anschriften von noch versteckten Rassengenossen angaben. Was sie dazu veranlasste, ist mir nicht erklärlich. Ob aus persönlicher Rache oder aus Missgunst, weil sie den anderen das Weiterleben nicht gönnten?

Ebenso eigenartig war ja auch das Verhalten der Sonderkommandos. Die wussten doch alle ganz bestimmt, dass sie bei Beendigung der Aktionen selbst auch das gleiche Schicksal treffen würde wie die Tausende ihrer Rassengenossen, bei deren Vernichtung sie behilflich waren. Und doch waren sie mit einem Eifer dabei, der mich immer verwunderte. Nicht nur, dass sie nie zu den Opfern über das Bevorstehende redeten, auch das fürsorgliche Behilflichsein beim Ausziehen, aber auch das gewaltsame bei sich Sträubenden. Das Wegführen der Unruhigen und das Festhalten beim Erschießen. Sie führten diese Opfer so, dass diese den mit dem Gewehr bereitstehenden Unterführer nicht sehen konnten und dieser so unbemerkt das Gewehr im Nacken ansetzen konnte. So verfuhren sie auch mit den Kranken und Gebrechlichen, die nicht in die Gasräume gebracht werden konnten. Alles mit einer Selbstverständlichkeit, als wenn sie selbst zu den Vernichtern gehörten. Dann das Herausziehen der Leichen aus den Kammern, das Entfernen der Goldzähne, das Abschneiden der Haare, das Hinschleppen zu den Gruben oder an die Öfen. Das Unterhalten des Feuers bei den Gruben, das Übergießen des angesammelten Fettes, das Herumstochern in den brennenden Leichenbergen, um Luft zuzuführen. All diese Arbeiten machten sie mit einer stumpfen Gleichmütigkeit, als wenn es irgendetwas Alltägliches wäre. Was gab den Juden der Sonderkommandos die Kraft, diese schauderhafte Arbeit Tag und Nacht zu verrichten?

Ich habe sie doch wahrlich genug beobachtet, doch vermochte ich ihr Verhalten nicht wirklich zu ergründen. Das Leben und das Sterben der Juden gaben mir wahrhaft Rätsel genug, die ich nicht zu lösen imstande war. Alle diese Erlebnisse, diese Vorkommnisse, die ich hier schilderte und die ich noch durch unzählige vermehren könnte, sind ja nur Ausschnitte aus dem gesamten Vorgang der Vernichtung, sie sind nur Streiflichter.

XV

Ich musste alle Vorgänge mit ansehen. Ich musste, ob Tag oder Nacht, beim Heranschaffen, beim Verbrennen der Leichen zusehen, musste das Zahnausbrechen, das Haareabschneiden, all das Grausige stundenlang mit ansehen. Ich musste selbst bei der grausigen, unheimlichen Gestank verbreitenden Ausgrabung der Massengräber und dem Verbrennen stundenlang dabeistehen. Ich musste auch durch das Guckloch des Gasraumes den Tod selbst ansehen, da die Ärzte mich darauf aufmerksam machten. Ich musste dies alles tun – weil ich derjenige war, auf den alle sahen, weil ich allen zeigen musste, dass ich nicht nur die Befehle erteilte, die Anordnungen traf, sondern auch bereit war, selbst überall dabei zu sein, wie ich es von den von mir dazu Kommandierten verlangen musste.

Hatte mich irgendein Vorgang sehr erregt, so war es mir nicht möglich, nach Hause, zu meiner Familie zu gehen. Ich setzte mich dann aufs Pferd und tobte so die schaurigen Bilder weg, oder ich ging oft des Nachts durch die Pferdeställe und fand dort bei meinen Lieblingen Beruhigung. Es kam oft vor, dass ich zu Hause plötzlich mit meinen Gedanken bei irgendwelchen Vorgängen, bei der Vernichtung war. Ich musste dann raus. Ich konnte es nicht mehr im traulichen Kreis meiner Familie aushalten. Oft kamen mir so, wenn ich unsere Kinder glücklich spielen sah, meine Frau mit der Kleinsten überglücklich war, Gedanken: Wie lange wird euer Glück noch dauern? Meine Frau konnte sich meine trüben Stimmungen nie erklären, schob sie auf dienstlichen Ärger. Wenn ich so nachts draußen bei den Transporten, bei den Gaskammern, an den Feuern stand, musste ich oft an meine Frau und die Kinder denken. Wenn man die Frauen mit den Kindern in die Gaskammern gehen sah, so dachte man unwillkürlich an die eigene Familie. Ich war in Auschwitz seit Beginn der Massenvernichtung nicht mehr glücklich. Ich wurde unzufrieden mit mir selbst.

Und doch glaubten alle in Auschwitz: der Kommandant hat doch ein schönes Leben. – Ja, meine Familie hatte es in Auschwitz gut. Jeder Wunsch, den meine Frau, den meine Kinder hatten, wurde erfüllt. Die Kinder konnten frei und ungezwungen leben. Meine Frau hatte ihr Blumenparadies. Die Häftlinge taten alles, um meiner Frau, um den Kindern etwas Liebes zu tun, um ihnen eine Aufmerksamkeit zu erweisen. Es wird wohl auch kein ehemaliger Häftling sagen können, dass er je in unserem Haus irgendwie schlecht behandelt worden sei. Meine Frau hätte am liebsten jedem Häftling, der irgendetwas bei uns zu tun hatte, etwas geschenkt. Die Kinder bettelten dauernd bei mir um Zigaretten für die Häftlinge. An den Gärtnern hingen die Kinder besonders. In der ganzen Familie war die Liebe für die Landwirtschaft, besonders für alle Tiere, hervorstechend. Jeden Sonntag musste ich mit allen über die Felder fahren, durch die Ställe gehen, auch die Hundeställe durften nie versäumt werden. Unseren beiden Pferden und dem Fohlen galt die besondere Liebe. Immer hatten auch die Kinder im Garten besonderes Viehzeug, das die Häftlinge angeschleppt brachten. Ob Schildkröten oder Marder, ob Katzen oder Eidechsen, stets gab es etwas Neues, Interessantes im Garten. Oder sie planschten im Sommer im Planschbecken im Garten oder im Flusslauf der Sola. Ihre größte Freude war jedoch, wenn Vati mitbadete.

Heute bereue ich es, dass ich mir nicht mehr Zeit für meine Familie nahm. Meine Frau hat mich oft und oft gemahnt: Denk nicht immer an den Dienst, denk auch an deine Familie. Doch was wusste meine Frau von den Dingen, die mich bedrückten – sie hat es nie erfahren.

XVI

Wie sehe ich nun heute das Dritte Reich? Wie sehe ich Himmler mit der SS, dem Konzentrationslager, der Sicherheitspolizei? Wie sehe ich all das Geschehene auf diesem Sektor, den ich erlebt habe?

Ich bin nach wie vor Nationalsozialist im Sinne einer Lebensauffassung. Eine Idee, eine Anschauung, der man bald 25 Jahre lang angehangen hat, mit der man verwachsen, mit Leib und Seele verbunden war, lässt man nicht einfach dahinfahren – weil die Verkörperung dieser Idee, der nationalsozialistische Staat, seine Führung, falsch, ja verbrecherisch gehandelt haben und weil durch dieses Fehlen, durch dieses Handeln diese Welt zusammenbrach und das gesamte deutsche Volk auf Jahrzehnte hinaus in namenloses Elend gestürzt wurde. Ich kann das nicht.

Heute sehe ich auch ein, dass die Judenvernichtung falsch, grundfalsch war. Gerade durch diese Massenvernichtung hat sich Deutschland den Hass der ganzen Welt zugezogen. Dem Antisemitismus war damit gar nicht gedient, im Gegenteil, das Judentum ist dadurch seinem Endziel viel näher gekommen.

Wie es zu den Gräueln in den Konzentrationslagern kommen konnte, habe ich zur Genüge im Vorhergehenden dargelegt. Ich für meine Person habe sie nie gebilligt. Ich selbst habe nie einen Häftling misshandelt oder gar getötet. Ich habe auch nie Misshandlungen von Seiten meiner Untergebenen geduldet. Wenn ich jetzt hören muss, welch ungeheuerliche Quälereien in Auschwitz und auch in anderen Lagern vorgekommen sind, so überläuft es mich kalt. Wohl wusste ich, dass in Auschwitz Häftlinge von der SS, von Zivilangestellten und nicht zum wenigsten von ihren eigenen Mithäftlingen misshandelt wurden. Ich bin dagegen angegangen mit allen Mitteln, die mir zur Verfügung standen. Ich konnte es nicht unterbinden. Gegen die Bösartigkeit, Schlechtigkeit und Grausamkeit der Einzelnen kann man nicht aufkommen.

Ja, ich war hart und streng, wie ich es heute sehe, oft zu hart und zu streng. Wohl habe ich in der Verärgerung über angetroffene Missstände oder Nachlässigkeiten manch böses Wort gesagt, manche Äußerung ausgestoßen, die ich nie hätte tun dürfen. Doch niemals war ich grausam, nie habe ich mich zu Misshandlungen hinreißen lassen. Es ist viel geschehen in Auschwitz, angeblich in meinem Namen, in meinem Auftrag, auf meinen Befehl, wovon ich nichts wusste, das ich weder geduldet noch gebilligt hätte. Es ist dies aber alles in Auschwitz geschehen, und ich bin dafür verantwortlich. Denn schon die Lagerordnung sagt: Der Lagerkommandant ist für den gesamten Bereich seines Lagers voll verantwortlich.

Ich stehe jetzt am Ende meines Lebens. – All das Wesentliche, was mir in diesem Leben begegnet ist, all das, was mich stark beeindruckt hat, was mir besonders naheging, habe ich hiermit auseinandergelegt. Wahrheits- und wirklichkeitsgetreu, so wie ich es sah, so wie ich es erlebte. Meine unbändige Liebe zum Vaterland, mein Nationalbewusstsein brachte mich zur NSDAP und zur SS. Die nationalsozialistische Weltanschauung hielt ich für die einzig artgemäße für das deutsche Volk. Die SS war nach meiner Ansicht die tatkräftigste Verfechterin dieser Lebensauffassung und nur sie dazu befähigt, das ganze deutsche Volk allmählich wieder zu einem artgemäßen Leben zurückzuführen. Meine Familie war mein zweites Heiligtum. In ihr bin ich fest verankert. Ihr galt meine stete Sorge um ihre Zukunft. Der Bauernhof sollte die Heimstatt werden. In unseren Kindern sahen wir, meine Frau so wie ich, unseren Lebenszweck. Ihnen eine gute Erziehung für das weitere Leben zuteil werden lassen, ihnen eine starke Heimat zu schaffen sollte unsere Lebensaufgabe sein. So bewegen sich auch jetzt meine Gedanken hauptsächlich nur um meine Familie. Was wird aus ihnen werden? Meine Person habe ich abgeschrieben – darum mache ich mir keine Sorge mehr, damit bin ich fertig –, aber meine Frau, meine Kinder?

Das Schicksal ist eigenartig mit mir umgesprungen. Wie oft bin ich um Haaresbreite dem Tod entronnen. Im vorigen Krieg, in den Freikorpskämpfen, bei Arbeitsunfällen, bei dem Autounfall 1941 auf der Autobahn, bei dem Reitunfall 1942, als der schwere Hengst auf mich stürzte, bei den Luftangriffen: wie oft gab ich da für mein Leben keinen Pfifferling mehr, und doch kam ich überall durch. Auch der Autounfall kurz vor der Räumung Ravensbrücks. Alle hielten mich schon für tot, nach der Sachlage konnte ich auch gar nicht mehr leben, und doch sollte es nicht sein. Das Zerbrechen der Giftphiole vor der Verhaftung. Überall hat mich das Schicksal vor dem Tod bewahrt, um mich jetzt so schändlich umzubringen. Wie beneide ich meine Kameraden, die einen ehrlichen Soldatentod sterben durften. Ich war unbewusst ein Rad in der großen Vernichtungsmaschine des Dritten Reiches geworden. Die Maschine ist zerschlagen, der Motor untergegangen, und ich muss mit. Die Welt verlangt es.

Mag die Öffentlichkeit ruhig weiter in mir die blutdürstige Bestie, den grausamen Sadisten, den Millionenmörder sehen – denn anders kann sich die breite Masse den Kommandanten von Auschwitz gar nicht vorstellen. Sie würde doch nie verstehen, dass der auch ein Herz hatte, dass er nicht schlecht war.

EDITORISCHE NOTIZ

Angesichts der Wirklichkeit ist alles Erfinden obszön. Vor allem da, wo man die Wirklichkeit haben kann. Auch wenn sie immer wieder geleugnet wird. Dann erst recht. Das habe ich nie so stark empfunden, wie als »Die Wohlgesinnten« von Jonathan Littell vor ein paar Jahren auf Deutsch erschienen sind: die affirmative Einfühlung in einen NS-Täter in Form eines Romans. Mir waren bei einer thematisch verwandten Theaterarbeit in Wien kurz zuvor die Aufzeichnungen von Rudolf Höß, des Kommandanten von Auschwitz, in die Hände gekommen. Da hatte ich die Antwort. Aus diesen Selbstzeugnissen, aus dieser auf erschütternde Weise naiven Selbstdenunziation ließ sich aus der Wirklichkeit eine Antwort auf die Fiktion gewinnen. Höß selbst hatte sie in der Zeit zwischen seiner Verhaftung nach Kriegsende durch die britische Militärpolizei und seiner Verurteilung zum Tod durch das polnische Oberste Volksgericht in der Krakauer Untersuchungshaft ohne Anflug von Reue oder auch nur Einsicht kalt zu Papier gebracht. An die dreihundert eng bedruckte Seiten waren im Dokument daraus geworden. In einem dramaturgischen Prozess der Strukturierung und der Verknappung, zuerst großteilig, dann immer kleinteiliger, habe ich sie auf ihre Essenz hin zugespitzt. Ein Monodrama in sechzehn Stationen ist daraus entstanden. Nichts ist erfunden, kaum ein Wort ist hinzugefügt, kaum ein Satz, eine Satzfolge ist verändert, und wenn, dann nur aus kompositorischen Gründen und um der besseren Verständlichkeit willen, alles ist durch das gelebte und verwirkte Leben des Rudolf Höß gedeckt. Ursprünglich für die Bühne und fürs Hörspiel konzipiert, mag dieser Originalton-Monolog nun auch als Lesedrama im doppelten Wortsinn seine Wirkung tun.

JÜRG AMANN